EIFEL
LUXEMBURG
Mayen
Stadbefestigung Genovevaburg
Ruine Schloss Monreal
Ruine Burg Resch
Niederelz
Monreal
Polch
Münster-maifeld
Burg Pyrmont
Roes
Elzbach
Burg Eltz
Moselkern
Treis-Karden
Kaisersesch
Landkern
Klotten
Cochem
Ernst
Nürburgring Südschleife
Nohn
Ruine Dreimühlen
Hillesheim
Walsdorf
Dreisbrück
Dockweiler
Kelberg
Hochkelberg 675 m
Katzwinkel
Deutsche Vulkanstraße
Maar
Ulmen
Demerath
Ernstberg 699 m
Nerother Kopf 647 m
Daun
Wild- und Erlebnispark Daun
Mäuse-berg
Weinfelder Maar
Pulvermaar
Gillenfeld
Immerath
Lützerath
Immerather Maar
Holz-maar
Römerberg 470 m
Bremm
Mosel
Bad Bertrich
Hohtheim
Alf
Marienburg
Olzheim
Schwarzer Mann 698 m
Bleialf
Winterspelt
Our
Prüm
Büdesheim
Gerolstein
Pronsfeld
Schönecken
Mürlenbach
Wallenborn
Lünebuch
Lichtenborn
Waxweiler
Irrhausen
Dasburg
Krautscheid
Meisburg
Meerfelder Maar
Meerfeld
Manderscheid
Seffern
Jagdschloss Bergfeld
Eisenschmitt
Ruine Biederburg
Kyllburg
Neuerburg
Südeifel
Sinspelt
Eifelpark Gondorf/Bitburg
Bitburg
Ruine Pfalzkyll
Oberweis
Landscheid
Binsfeld
Wittlich
Ürzig
Kappel
Hahn
Obersgegen
Sülm
Speicher
Reste der römischen Landmauer
Salmtal
Traben-Trarbach
Peffingen
Wolsfeld
Kyll
Zemmer
Bernkastel-Kues
Wallendorf
Mecklerhöhe 407 m
Welschbillig
Irrel
Sauer
Kordel
Schweich
Ralingen
Echternach
Morbach
Trier
Konz
N
0
10
20 km

Bildschöne
EIFEL

Peter Hirth

BRUCKMANN

INHALT

◄◄ **Rosenkönigin.** In Bad Neuenahr wird Ende Juni anlässlich des Rosenfestes die Rosenkönigin gekürt.

◄ **Miescheider Heide.** Die bemoosten Steine, Reste des ehemaligen Westwalls, dienten einst als Panzersperren.

»Das Höchste, das Schönste, das Größte in meinem Leben und das Beglückendste verdanke ich somit doch der Heimat – dem geliebtesten Stück der Heimat, der Eifel.«

Clara Viebig (1860–1952)

»Rheinisch-Sibirien« – nicht immer waren die Bilder schmeichelhaft, die man sich von der Mittelgebirgslandschaft im Westen Deutschlands machte. Das zwischen Aachen im Norden, Koblenz im Osten und Trier im Süden liegende Gebiet galt früher als das Armenhaus des Rheinlandes – nicht zu Unrecht. Wer in der Eifel lebte, hatte mit rauem Klima und schlechten Böden zu kämpfen, Hungersnöte waren noch im 19. Jahrhundert an der Tagesordnung. Viele verließen damals das Land, wanderten nach Amerika aus.

Heute gehört die Eifel zu den beliebtesten Naherholungsgebieten Deutschlands. Die vielen Burgen, die Seen und nicht zuletzt das Faszinosum der Vulkane und ihrer allgegenwärtigen Spuren ziehen zahllose Gäste aus nah und fern an. Von Vorteil ist auch die Lage im Dreiländereck, die Nähe zu Belgien und Luxemburg. Maler wie Fritz von Wille haben die Naturschönheiten der Landschaft überregional bekannt gemacht, neuere Autoren wie Jacques Berndorf alias Michael Preute wählten die Eifel als Schauplatz ihrer spannenden Krimis.

Das Freizeitangebot ist außerordentlich vielseitig, ob es sich um Segeln auf dem Rurstausee (Bild links), Skilanglaufen auf den Hochflächen zu Belgien hin, Golfspielen in der Nähe von Bitburg, »Eifel-zu-Pferd«-Wanderreiten oder Mountainbiken auf den vielen attraktiven Single-Trails handelt. Es gibt einen Nationalpark, zwei Naturparks, die zum Teil grenzüberschreitend angelegt sind. Ein Geopark widmet sich der spannenden Entstehung der Vulkaneifel, die geologisch gesehen kaum einen Augenblick zurückliegt – was sind schon 10 000 Jahre im geologischen Maßstab! Nicht zu vergessen die geschichtsträchtigen Stätten, die prägenden Orte der abendländischen Kultur wie die Kaiserstadt Aachen, die Burgen und Burgruinen, die malerischen Fachwerkhäuser – all das gehört zur Eifel und ist Teil ihres unverwechselbaren Charmes.

▼ **Der Aachener Dom** ist das Wahrzeichen der Stadt. Den Kern bildet das sogenannte karolingische Oktogon der Pfalzkapelle, die Karl der Große um 800 errichten ließ. Von der Decke herab hängt dort der Barbarossa-Radleuchter aus dem 12. Jahrhundert. Der Dom und der Domschatz stehen im Übrigen als erstes deutsches Kulturdenkmal bereits seit 1978 auf der Liste des UNESCO-Weltkulturerbes.

▼▼ **Karlsthron.** Der Marmorthron Karls des Großen befindet sich noch heute auf der Empore des Oktogons. Zwischen 936 und 1531 wurden hier 31 deutsche Könige gekrönt – der erste war Otto I., der letzte Ferdinand I.

▼ **Der Karlsschrein im Aachener Dom** von 1215 enthält die Gebeine Karls des Großen. Der prächtige goldene Schrein befindet sich in der Mitte des Chorpolygons. Für Karl den Großen (747 – 814), der am Weihnachtstag 800 in Rom von Papst Leo III. zum römischen Kaiser gekrönt wurde, war Aachen die Lieblingspfalz.

▼▼ **Altar – Detail.** Mit Gold gefasst ist auch der Altar, das Auge verliert sich in den vielen dargestellten Szenen und Figuren.

▶ **Das Rathaus** wurde im 14. Jahrhundert von den Aachener Bürgern auf dem Areal der einstigen karolingischen Kaiserpfalz erbaut – als sichtbares Zeichen bürgerlicher Freiheit. Von dem ursprünglichen Palast waren nur noch die Grundmauern vorhanden, der alte Granusturm wurde integriert. Einer der Säle des bürgerlichen Bauwerks musste allerdings für das festliche Krönungsmahl reserviert werden. In diesem Krönungssaal wird heute alljährlich der Karlspreis an Personen verliehen, die sich um die Einigung Europas verdient gemacht haben.

HOTEL
RESTAURANT
COUVENSTUBE
da Vinci

▶▶ **Marienschrein.** An der Ostseite des Oktogons wurde in der zweiten Hälfte des 14. Jahrhunderts die gotische Chorhalle angebaut, deren Außenwand von gewaltigen Fensterflächen durchbrochen ist – über 1000 Quadratmeter Buntglas. Hinter dem Domaltar befindet sich der Marienschrein, eine Goldschmiedearbeit aus dem 13. Jahrhundert, kunsthistorisch am Übergang von Romanik zur Gotik. Für den Schrein in Form einer einschiffigen Basilika wurden über 1000 Edelsteine verarbeitet. Er gilt als eine der bedeutendsten Goldschmiedearbeiten dieser Zeit. Im Schrein werden die vier Aachener Heiligtümer aufbewahrt, Reliquien, die seit dem Pestjahr 1349 alle sieben Jahre gezeigt werden. Vor den monumentalen Buntglasfenstern schwebt die sogenannte Strahlenkranzmadonna (1524).

▶ **Karlsbrunnen am Marktplatz.** Wie kein zweiter Herrscher wird Karl der Große stets mit Aachen in Verbindung gebracht. Daran wird man in der Stadt auch immer wieder erinnert, wie hier durch die Statue des Frankenkaisers, die den Karlsbrunnen ziert. Die Brunnenfigur wurde 1620 basierend auf einem Entwurf des Glockenmeisters Franz von Trier gegossen. Karl wird in Ritterrüstung gezeigt, ausgestattet mit Szepter, Krone, Reichsapfel und Schwert.

▶ **Karlsbüste.** Die teilweise vergoldete Büste ist Teil des Domschatzes und zählt zu den am häufigsten reproduzierten Karlsbildnissen – auch wenn der Kaiser in Wahrheit sicher ganz anders ausgesehen hat. Die Büste stammt aus der Mitte des 14. Jahrhunderts, das idealisierte Porträt wurde also ein halbes Jahrtausend nach dem Tod des Frankenkaisers angefertigt.

BABOR INSTITUT
Marlboro
Marlboro

◀ **Blick vom Dom auf den Domhof.** Aachen liegt im Grenzgebiet zu den Niederlanden und Belgien am Nordrand der Eifel. Die Stadt ist Bischofssitz und hat eine Technische Universität, die im Bereich der Ingenieurswissenschaften zu den besten Hochschulen Deutschlands zählt. Obwohl sie an keinem Fluss liegt, steckt im Stadtnamen »Aachen« das altgermanische Wort »Ahha« für »Wasser« – gemeint sind die heißen Quellen, deren schwefelhaltiges Wasser seit mehr als 2000 Jahren Aachen auch zur Kurstadt gemacht hat. Richtig gut riecht das im vulkanischen Untergrund der Eifel erhitzte Wasser allerdings nicht, der Schwefel hat es in sich. Die Kelten wussten es jedoch zu nutzen, und die Römer importierten hier ihre Badekultur, indem sie ein Militärbad für ihre Truppen errichteten. Sie nannten es »Aquae Granni«. »Grannus« deutet man heute meist als Bezeichnuing des keltischen Gottes des Feuers, der Heilkraft und der heißen Quellen, den die Römer mit ihrem Gott Apollo gleichsetzten. Wie auch immer: Nach den Römern verschmähte man die schwefeligen heißen Quellen lange Zeit. Erst mit Karl dem Großen, der die Heilwirkung der warmen Thermen kannte und schätzte, lebte die Bäderkultur wieder auf. Nicht zuletzt wegen der wohltuenden Quellen ließ er in Aachen eine prächtige Zentralpfalz bauen. Das Heilbad war lange Zeit beliebt bei den Herrschenden in ganz Europa, doch längst haben es die »Bürgerlichen« für sich entdeckt. An »Bad Aachen« wollte man sich allerdings nicht gewöhnen (die Internetseite der Kurverwaltung nutzt den Zusatz), deshalb blieb es offiziell beim alten Namen.

▼ **Das Ponttor** aus der zweiten Hälfte des 13. Jahrhunderts ist eines von zwei noch erhaltenen Stadttoren der äußeren Stadtmauer – ursprünglich waren es elf Tore. Das Bauwerk verfügt über einen Zwinger und ein Vorwerk, eine vorgelagerte Befestigung. Die äußere Stadtmauer war damals nötig geworden, weil es immer mehr Gebäude außerhalb der alten inneren Stadtmauer gegeben hat, die geschützt werden mussten.

P

◄◄ **Neues Kurhaus.** Wenn das Gespräch auf Aachen kommt, dann ist Karl der Große nicht fern – kaum einer denkt dann aber daran, dass Aachen auch eine »Stadt des Wassers« ist (was dem Frankenkaiser sehr wohl bewusst war). Immerhin gibt es hier die heißesten Quellen nördlich der Alpen, dafür sorgt der vulkanische Untergrund der Eifel. Aachens Geschichte ist auch eine Geschichte der Thermen – von den Kelten, Römern, Karl dem Großen bis in unsere Zeit. Über 30 schwefelhaltige Quellen gibt es in Aachen, das Heilwasser ist teilweise über 70 °C heiß. Der Kurpark Monheimsallee lädt mit seinem englischen Park zum Spazieren ein; im ehemaligen »Neuen Kurhaus« befindet sich heute ein Spielcasino (Bild linke Seite).

▲ **Im Couven Museum** am Hühnermarkt (Eckgebäude oben links) kann man die Entwicklung der bürgerlichen Wohnkultur des 18. und 19. Jahrhunderts nachvollziehen. Einst bewohnte das 1778 erbaute Haus die Apothekerfamilie Monheim, die Mitte des 19. Jahrhunderts erstmals in Aachen Schokolade herstellte. Benannt ist das Museum nach dem Aachener Architekten und Stadtbaumeister Johann Joseph Couven (1701 – 1763).

◄ **Gründerzeithäuser** in der Oppenhoffallee im Frankenberger Viertel. Die Gebäude im neoklassizistischen Stil – oft spielerisch variiert mit Elementen des Barock und der Renaissance – wurden Ende des 19. Jahrhunderts errichtet.

◄ **Rathaus und Karlsbrunnen.** Im Zweiten Weltkrieg wurde das ehrwürdige Rathaus aus dem 14. Jahrhundert im Bombenhagel schwer beschädigt. Nach dem Krieg ging man an die Rekonstruktion, die dann Ende der 1970er Jahre mit den Innenräumen abgeschlossen werden konnte. Heute sind dort Kopien der Reichkleinodien ausgestellt, deren Originale sich in der Wiener Weltlichen Schatzkammer befinden, darunter der Reichsapfel, die Reichskrone und das Reichsevangeliar.

▼ **Alt Aachener Kaffeestube »van den Daele«** in der Körbergasse. Das traditionsreiche Haus wurde Mitte des 17. Jahrhunderts erbaut. Die Möblierung stammt aus der Blütezeit des »Aachen-Lütticher Barock«. Die Kaffee- und Weinstube ist nach Leo van den Daele benannt, der dort 1890 eine Konditorei eröffnete und sich mit kunstvoll gestalteten Printen und Spekulatius einen Namen machte.

▼▼ **Das Printenmädchen** am Ende der Körbergasse steht für eine Aachener Spezialität, die Printen. Der Name des Hartgebäcks verweist auf den Vorgang des in die Form »Pressens« oder »Prentens«. Die Printen gibt es heute in allen möglichen Formen und Geschmacksvarianten – ja sogar als Weichgebäck, sollte man Angst um seine Zahnfüllungen haben.

▼ **Preis der Nationen.** Aachen ist traditionell Austragungsort eines der international wichtigsten Reitturniere, des »CHIO Aachen« (Concours Hippique International Officiel). Ende Juni, Anfang Juli gehen rund 500 Pferde mit ihren Reitern an den Start und messen sich in den fünf Disziplinen Springen, Dressur, Vielseitigkeit, Fahren und Voltigieren. Aachen ist das einzige Turnier, bei dem Nationenpreise in all diesen Disziplinen ausgetragen werden.

▼▼ und ▶ **Karneval.** Der Aachener Karneval hat seinen Ursprung in den Karnevalsgesellschaften, die uniformartige Kostüme trugen. Solche Kostüme gibt es zwar noch immer, doch ansonsten ziehen die Jecken am Rosenmontag alles Mögliche an – Hauptsache bunt.

▶▶ **Windkraft** liefert alternativen Strom im deutsch-belgischen Grenzgebiet (nächste Doppelseite).

oche
Alaaf

CAFÉ-RESTAURANT HOTEL

CAFÉ-RESTAURANT HOTEL

◀◀ **Altstadtimpression mit »Rotem Haus«.** Bis 1918 hieß der Ort Montjoie, was man mit »Freudenberg« übersetzen könnte – auf Veranlassung Kaiser Wilhelms II. wurde er in »Monschau« umgetauft. Die Stadt an der Rur liegt im Naturpark Hohes Venn-Eifel nahe der belgischen Grenze. Sie gilt als die »Perle der Eifel«, nicht nur wegen des markanten »Roten Hauses«, dem ehemaligen Stammsitz eines reichen Tuchfabrikanten, sondern als Gesamterscheinung. Monschau darf seit 1996 den Titel »Luftkurort« führen und zieht nicht zuletzt deshalb im Sommer viele Touristen an. Das »Rote Haus« ist im Übrigen auch von innen sehenswert: Es beherbergt heute ein Museum, in dem die bürgerliche Wohnkultur des 18. und 19. Jahrhunderts studiert werden kann.

◀◀ **Schieferdächer** und ▲ **Buchenhecken.** Typisch für das Städtchen sind die schiefergedeckten Fachwerkhäuser und die von Buchenhecken umsäumten Bauernhöfe.

◀ **Kalterherberg** ist seit Ende 2006 eingemeindet. Der Ortsteil liegt direkt an der Grenze zu Belgien am Hohen Venn, weshalb er auch als Erster die von Westen kommenden Kaltwetterfronten abbekommt – von daher vermutlich der Name. Mit hohen Buchenhecken sucht man diesen Einfluss zu mildern. Der im Bild links zu sehende zweitürmige Eifeldom wurde 1901 erbaut.

◀ **Hochmoorlandschaft.** Typisch für das Hohe Venn in der Nähe von Monschau sind solche Stege durch das Hochmoor. Der Übergang zum belgischen Teil ist heute unproblematisch. Dort heißt das Gebiet »Hautes Fagnes«. Man kann auf eigene Faust wandern, es werden jedoch auch Führungen angeboten.

◀ **Blick in das Rurtal.** Die Rur – nicht zu verwechseln mit der Ruhr – ist ein Nebenfluss der Maas, der durch Deutschland, Belgien und die Niederlande fließt. Die Schreibung ging tatsächlich lange Zeit durcheinander, deshalb entschloss man sich um 1900, das »h« endgültig aus dem Namen zu verbannen. In den Niederlanden und im französischsprachigen Belgien wird der Fluss »Roer« geschrieben, aber wie im Deutschen ausgesprochen. Deutschland hat den größten Anteil am Flusslauf. Der Fluss entspringt auf der belgischen Seite des Naturparks Hohes Venn-Eifel an der Botrange, der mit 694 Metern Höhe höchsten Erhebung des Hohen Venn (zugleich der höchste Berg Belgiens). Wenige Kilometer weiter fließt er südlich von Monschau über die deutsch-belgische Grenze und durchquert den Naturpark Eifel. Nach insgesamt etwa 170 Kilometern mündet der Fluss bei Roermond/Niederlande in die Maas.

▼ **Burganlage.** Die Burg Monschau aus dem 13. Jahrhundert diente den Grafen von Jülich als Festung. Dass es eine äußerst wehrhafte Burg war, wird durch die wuchtigen Ringmauern und die Wehrgänge deutlich. Das konnte jedoch nicht verhindern, dass sie 1543 von den Truppen Karls V. eingenommen und mitsamt der Stadt Monschau ausgeplündert wurde. Der erste Sohn des Herzogs von Burgund wurde übrigens 1520 in Aachen zum Römisch-Deutschen Kaiser gekrönt, was damals noch offiziell durch den Papst bestätigt werden musste. Karl V. konnte seine Herrschaft bis nach Amerika ausdehnen, sodass er über ein Reich regierte, »in dem die Sonne nicht unterging«.

Die Felsenburg selbst verfiel im Laufe der Zeit. Im 19. Jahrhundert nahmen die Franzosen sie in Besitz und verkauften sie an Privatleute, die allerdings die Dächer abtragen ließen. Die Burg wurde zur Ruine. Anfang des 20. Jahrhunderts begann man mit der Instandsetzung. Nach dem Ersten Weltkrieg wurden Teile der Burg erstmals als Jugendherberge genutzt. Auch heute noch dient sie als Jugendherberge, aber auch als Schauplatz für kulturelle Veranstaltungen.

▼ und ▶ **Leopold-Hoesch-Museum in Düren.** Das im Stil des Neubarock erbaute Museumsgebäude wurde 1905 eröffnet; die Entwürfe stammten vom Aachener Architekten Georg Frentzen. Stifter war der Fabrikant Eberhard Hoesch (1827–1907), der Sohn des Gründers der Dortmunder Westfalenhütte Leopold Hoesch. Das Museum verfügt über eine Sammlung von Werken des deutschen Expressionismus; alle zwei Jahre findet hier die PaperArt statt, eine international einzigartige Kunstausstellung zum Thema Papier und Papierkunst. Dass Papier in der Geschichte Dürens eine wichtige Rolle gespielt hat, unterstreicht auch das Papiermuseum der Stadt – eine erste Papiermühle gab es bereits 1576, Anfang des 19. Jahrhunderts produzierten hier 17 Fabriken Papier. Heute sind es nur noch wenige Firmen, die hauptsächlich Spezial- und Feinpapiere herstellen.

▼ **Lichtinstallation am Leopold-Hoesch-Museum.** Die beiden Künstler Katarina Veldhues und Gottfried Schumacher haben den Bau hier während einer PaperArt durch ihre Lichtkunst neu in Szene gesetzt.

▼▼ **Nideggen-Abenden.** Folklore in der Eifel – Erntedankumzug im etwa 20 Kilometer südlich von Düren gelegenen Ort (Bild links unten).

▼▼ **Burg Stolberg.** Erbaut wurde die die gleichnamige Stadt überragende Burg im 12. Jahrhundert von den Edelherren von Stalburg. Sie wurde mehrfach zerstört und wieder aufgebaut, ihre heutige Gestalt bekam sie Ende des 19. Jahrhunderts. Heute finden auf der Burg regelmäßig kulturelle Veranstaltungen statt; außerdem beherbergt sie neben einer Gemäldesammlung das Heimatmuseum.

unseres Vaters
Geh. Kommerz. Rat
Hoesch

◀◀ **Wasserkraftwerk im Jugendstil.** Das Gebäude wurde vom Aachener Architekten Georg Frentzen entworfen, zu dessen Werken auch das Leopold-Hoesch-Museum in Düren gehört. In Betrieb genommen wurde das Kraftwerk 1905, es liefert bis heute Strom. Sein Wasser bezieht es aus der Urftalsperre. Teile des Kraftwerks sind als Museum zugänglich; außerdem finden dort alljährlich im Juni Kammermusikkonzerte statt, während der Aufführungen werden die Turbinen allerdings abgeschaltet.

◀ **Die Burg Hengebach,** die erstmals 1106 erwähnt wird, überragt Heimbach und ist das Wahrzeichen der Stadt. Heute wird sie ganzjährig für kulturelle Veranstaltungen genutzt. Heimbach liegt im 2004 gegründeten Nationalpark Eifel im Tal der Rur am Stausee Heimbach. Die Gemeinde ist staatlich anerkannter Luftkurort und beliebtes Ausflugsziel von Touristen aus Aachen, Köln und den Niederlanden.

◀ **Maschinenhalle im Jugendstil-Wasserkraftwerk.** Die alten Turbinen wurden 1975 außer Betrieb genommen und durch neue, leistungsfähigere Generatoren ersetzt. Einige der alten Generatoren blieben jedoch erhalten und können besichtigt werden – die neuen Maschinen benötigten weniger Platz. Einmalig ist übrigens die Leitwarte: Sämtliche Geräte sind aus Messing und auf Marmorplatten montiert.

◀ **Pfarrkirche St. Klemens.** Heimbach ist auch Wallfahrtsort. Seit über 500 Jahren pilgern Gläubige zum Gnadenbild der Schmerzhaften Mutter Gottes in der Pfarrkirche. In der Nähe von Heimbach befindet sich übrigens auch die Trappistenabtei Mariawald. Im Bild zu sehen: der geschnitzte Antwerpener Flügelaltar mit dem Gnadenbild der »Schmerzhaften Mutter«, dem Ziel der vielen Pilger.

36

◀ Das Kloster Mariawald in der Nähe von Heimbach (Kreis Düren) ist ein Trappistenkloster mit dem lateinischen Wahlspruch »Luceat lux vestra – Euer Licht soll leuchten« aus dem Evangelium des Matthäus (5,16). Die ersten Mönche dieses strengen Ordens bezogen Ende des 15. Jahrhunderts das Kloster.

◀◀ Kloster Steinfeld, im Ortsteil Steinfeld der Gemeinde Kall (Kreis Euskirchen) gelegen, ist ein Salvatorianer-Kloster, in dem heute unter anderem auch ein Gymnasium mit Internat untergebracht ist. Das Kloster wurde Ende des 12. Jahrhunderts gegründet, die angeschlossene Basilika zwischen 1142 und 1150 errichtet und im Laufe der Jahrhunderte mehrfach umgebaut und ergänzt. Im Bild zu sehen: der Eingangsbereich der Klosteranlage.

◀◀ Kronenburg, ein Ortsteil von Dahlem (Kreis Euskirchen), ist gekennzeichnet durch ein gut erhaltenes mittelalterliches Stadtbild. Besonders schön der Burgbering (im Bild linke Seite unten), in dem sich auch die Pfarrkirche St. Baptist befindet. Dahlem liegt übrigens im Deutsch-Belgischen Naturpark.

◀ Freilichtmuseum. Kommern, ein Ortsteil von Mechernich (Kreis Euskirchen), ist besonders bekannt durch seine schönen Fachwerkhäuser. Eine der Hauptattraktionen ist darüber hinaus das 1958 eröffnete Rheinische Freilichtmuseum. Auf dem 80 Hektar großen Gelände befinden sich über 60 historische Gebäude, und man erfährt anschaulich, zum Teil durch praktische Vorführungen, wie die Landbevölkerung im Rheinland früher gelebt und gearbeitet hat.

◀ Zülpich liegt im ehemaligen Braunkohlerevier zwischen Aachen und Bonn, doch der Abbau über Tage wurde bereits 1967 eingestellt. Übrig geblieben sind zwei beliebte Baggerseen. Die Stadt ist seit der Römerzeit besiedelt, gut erhaltene Thermen aus dem 2. Jahrhundert befinden sich auf dem Mühlenberg (im Bild).

CF

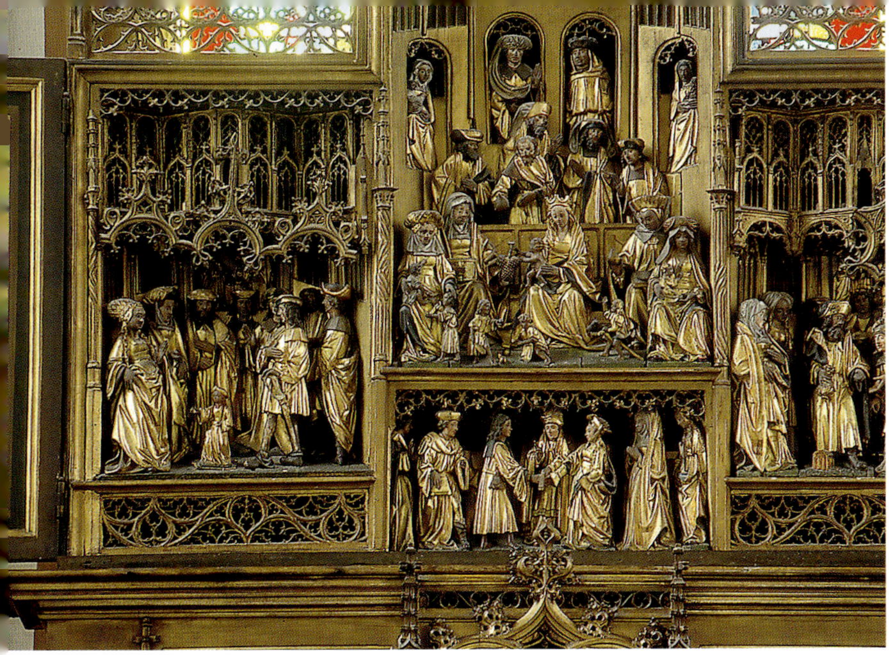

◄◄ Euskirchen, Alter Markt. In der Kreisstadt Euskirchen präsentiert sich die alte und neue Bausubstanz als gelungene Mischung. Stadtrechte erhielt der Ort Anfang des 14. Jahrhunderts. Im Bild zu sehen das Haus Clev am Alten Markt und im Vordergrund der Gewerbebrunnen.

◄ Euskirchen – die Pfarrkirche St. Martin ist die kunsthistorisch interessanteste Kirche Euskirchens. Die ältesten Gebäudeteile – dazu gehört das Mittelschiff – sind romanisch. Immer wieder wurde die Kirche später erweitert, sodass sich hier die Stilelemente und Moden der jeweiligen Epoche wiederfinden. Im Bild ist der Adran van Overbeck zugeschriebene Hochaltar zu sehen, ein Schnitzaltar im Antwerpener Stil (um 1530; im 19. Jahrhundert umgebaut). Die Kirche wurde im Zweiten Weltkrieg stark zerstört; die jüngste Restaurierung erfolgte im Jahr 2001.

◄ Hellenthal. Im Wildgehege ist die Flugschau der Falkner eine Attraktion für Groß und Klein. Der Tierpark wurde 1967 eröffnet und hat seinen Schwerpunkt bei den heimischen Tierarten, darunter Rot- und Damwild, Wildpferde, Dachse und Wisente. Hellenthal (Kreis Euskirchen) ist übrigens die südlichste Gemeinde Nordrhein-Westfalens.

▼ Burg Satzvey ist eine mittelalterliche Wasserburg im Ortsteil Satzvey von Mechernich (Kreis Euskirchen). Sie wurde im 14. und 15. Jahrhundert erbaut und vom Ministerialadel bewohnt – der Hochadel baute eher schwer einnehmbare Festungen auf Bergen. Als Schutz vor möglichen Angreifern dienten hier deshalb die Wassergräben. Heute finden auf der Burg, die als die besterhaltene Wasserburg des Rheinlands gilt, Ritterfestspiele, Konzerte und andere kulturelle Veranstaltungen statt. Die Burg ist im Privatbesitz. Das Burggelände kann jedoch ohne Eintritt besichtigt werden; Burgführungen durch die Innenräume kosten Eintritt.

▶ **Apothekenmuseum.** Das 1997 eröffnete Apothekenmuseum in Bad Münstereifel (Kreis Euskirchen) wird von Schulklassen gerne besucht. Wer will, kann auch selbst mit Töpfen und Tiegeln Hand anlegen. Zu sehen sind originale Geräte und Utensilien aus dem 19. und frühen 20. Jahrhundert.

▼ **Rathaus.** Das repräsentative Gebäude wird erstmals 1476 erwähnt. Mitte des 16. Jahrhunderts wurde ein neuer Gebäudeteil angebaut. Im Bild zu sehen ist ein Teil der prunkvollen Fassade.

▼ **Stadtbefestigung.** Im Kneipp-Kurort Bad Münstereifel ist die ehemalige Befestigung besonders gut erhalten und nahezu vollständig restauriert. Die Burganlage und die Stadtmauer wurden im 13. und 14. Jahrhundert von den Grafen von Jülich errichtet. Das nachts effektvoll angestrahlte, nach Norden liegende Werther Tor im Bild ist eines der vier Stadttore.

▶▶ **Die romanische Stiftskirche St. Chrysanthus und Daria** ist eine der Hauptsehenswürdigkeiten der Kurstadt. Im 12./13. Jahrhundert wurde sie erbaut. In der Krypta befinden sich die Gebeine der Schutzpatrone, des Heiligen Chrysanthus und seiner Frau, der Heiligen Daria. Der ägyptische Christ Chrysanthus lebte mit seiner Frau Daria zur Zeit der Christenverfolgung um 300 n. Chr. Im 9. Jahrhundert brachte der Abt von Prüm die Reliquien in seine Abtei. Sie wurden später in die Prümer Gründung Münstereifel überführt.

▶▶ **Das Haus Windeck** in der Orchheimer Straße wurde in der Mitte des 17. Jahrhunderts erbaut. Es ist das größte Fachwerkhaus dieser Gruppe und gilt als eines der schönsten Fachwerkhäuser des Rheinlandes.

▶▶ **Brunnen und Fachwerkhäuser am Markt** (nächste Doppelseite). Solche schönen Fachwerkhäuser begründen den Ruf Bad Münstereifels als »Rothenburg des Rheinlands«.

Buchhandlung
Schulte
100 m

P

Marktbrunnen

◄◄ FACHWERK AM MARKT. Ahrweiler ist der zweitgrößte Stadtteil von Bad Neuenahr-Ahrweiler. Sehenswert ist hier die fast vollständig erhaltene Stadtmauer mit den vier Toren. Am Markt der autofreien Altstadt sind viele Fachwerkhäuser erhalten, die das Stadtbild prägen (Bild links).

◄ AHR-THERMEN. Bad Neuenahr im Tal der Ahr liegt wenige Kilometer von der Grenze zu Nordrhein-Westfalen in Rheinland-Pfalz. An den Südhängen des Ahrgebirges wächst Rotwein, und Kurort ist die Stadt wegen ihrer kohlensäurehaltigen Natronthermen der Apollinarisquelle – das gleichnamige Mineralwasser wird überregional vertrieben. Bad Neuenahr-Ahrweiler ist außerdem die Kreisstadt des im nördlichen Rheinland-Pfalz gelegenen Landkreises Ahrweiler.

◄ DAS KURHAUS wurde 1905 im neobarocken Stil nach Plänen des Kölner Architekten Oscar Schütz gebaut. Das Haus verfügt über einen Theatersaal und Räume für Kongresse sowie andere kulturelle Veranstaltungen. Außerdem beherbergt es das Casino, in dem vom französischen und amerikanischen Roulette bis zu Poker und Black Jack alles gespielt werden kann, wo sich viel Geld gewinnen – oder aber auch verlieren lässt. Natürlich gibt es dort auch die unerlässlichen Spielautomaten, die »Einarmigen Banditen«.

◄ FUSSGÄNGER HABEN VORFAHRT. Die Altstadt mit ihren schönen Fachwerkhäusern ist weitgehend Fußgängerzone. In den beiden Einkaufsstraßen – der Niederhut- und der Ahrhutstraße – kann man gemütlich shoppen oder in den Cafés und Restaurants, die die Straßen säumen, das schöne Wetter genießen, den Passanten zusehen und sich vom Geldausgeben ausruhen.

◀ **Rotweinwanderweg.** Die Ahr gehört in Deutschland zu den kleinsten Weinbaugebieten. Auf dem knapp über fünf Quadratkilometer großen Gebiet mit seinen 520 Hektar bestockter Rebfläche gedeihen vor allem Rotweinreben. Qualität geht hier vor Quantität, Kenner reisen deshalb von weither an, um die raren Tropfen zu genießen. Angebaut wird hauptsächlich der »Blaue Spätburgunder« und der »Portugieser«. Ahrweine sind häufig unter den deutschen Spitzenweinen vertreten und werden auch von internationalen Weinkennern hoch eingeschätzt. Viele Weingüter kann man besichtigen und Weinproben vereinbaren. Außerdem gibt es natürlich auch jedes Jahr in den verschiedenen Orten Weinfeste und Weinmärkte, die einen Besuch lohnen. Am ersten Septemberwochenende findet zum Beispiel in Ahrweiler das traditionelle Weinfest statt, das von einem Winzerfestzug begleitet und am Montag darauf mit einem Feuerwerk beendet wird. Die Ahrweinkönigin wird allerdings bereits am Pfingstwochenende gekürt – ebenfalls in Ahrweiler. Die anderen Weinorte haben natürlich ebenfalls ihre Weinfeste, ob nun die historischen Weinfeste in Remagen oder Heimersheim, das Weinfest in Rech oder in Bachem das Fest »Kunst und Wein« mit seinem nächtlichen Weinlesezug der 10 000 Lichter.

Neben Weinverkostungen bietet die Region den 1972 eröffneten Weinwanderweg, der von Altenahr das Ahrtal entlang bis nach Bad Bodendorf führt. Auf dem 35 Kilometer langen Wanderweg kann man den Winzern bei der Lese zuschauen und von den Fachleuten vieles erfahren, was man immer schon über Wein wissen wollte. Natürlich ist es stets möglich, von den Weinbergterrassen aus in die Weinorte abzusteigen und einen gemütlichen Schoppen zu genießen.

▼ **Altenahr.** Zu den ältesten gastlichen Häusern des Orts zählt das »Hotel zum Schwarzen Kreuz«. Es rühmt sich einer über 850-jährigen Geschichte. Bereits 1166 habe es hier ein Gasthaus gegeben, das damals »An der Brücke« hieß – der Vorgänger des heutigen Hotels.

heymersheym
anno domini
1350
St.Sebas

◀◀ HISTORISCHES WEINFEST. Heimersheim – heute ein Ortsteil von Bad-Neuenahr-Ahrweiler – bietet neben der Mauritiuskirche mit ihren spätromanischen Glasmalereien als Besonderheit ein historisches Weinfest. Jedes Jahr in der dritten Augustwoche schlüpfen die Heimersheimer in mittelalterliche Rüstungen und Kostüme, es tummeln sich Ritter und Gaukler, Edelfräulein und Knappen, aber auch Hexen und Mönche auf den Plätzen der Gemeinde. Pfeiffer, Trommler und Lautenspieler sorgen für akustische Untermalung. Auch traditionelle Arten des Handwerks wie Bogenbauen, Töpfern oder auch Käsen werden demonstriert. Gewählt wird aus diesem Anlass auch die neue Weinkönigin. Traditionell wird die Königin, die eine würdige Tochter des Städtchens sein muss, am Freitag gewählt. Am Samstag nimmt sie an ihrem ersten Festumzug teil. Am Sonntag folgt ein lateinischer Gottesdienst – wie es ja vom Mittelalter bis zum II. Vatikanischen Konzil 1970 in der katholischen Kirche üblich war –; anschließend wird der mittelalterliche Markt eröffnet.

◀ KIRCHGANG. Eine Prozession zur Kirche gehört einfach dazu – das historische Weinfest erhält so auch seinen offiziellen Segen von ganz oben.

◀ KULINARISCH MIT KULTUR. Bei Musik und Tanz schmecken der Wein und die dazu gereichten Spezialitäten besonders gut. Heimersheim liegt im Übrigen am Rotweinwanderweg.

Das Ulmer Maar. Der besondere Reiz der Naturlandschaft in der Eifel beruht auf den vielfältigen Spuren, die der Vulkanismus hinterlassen hat. Am auffälligsten sind die sogenannten Maare – im Wort steckt das lateinische »mar« für »Meer«. Tatsächlich hat diese Wortschöpfung, die auch international ein geologischer Fachbegriff geworden ist, ihren Ursprung in der Eifel. Johannes Steininger (1794 – 1878), ein Geologe und Gymnasiallehrer aus Trier, griff diese im Dauner Raum geläufige Mundartbezeichnung für einen mit Wasser gefüllten Vulkantrichter auf. Unter einem Maar versteht man eine meist kreisförmige oder ovale kraterartige Vertiefungen, die auf vulkanische Gasexplosionen, sogenannte phreatomagmatische Explosionen zurückzuführen sind. Zu einer phreatomagmatischen (im Begriff steckt das altgriechische Wort phréatos für »Brunnen«) Explosion kommt es, wenn zum Beispiel aufsteigendes Magma mit wasserführenden Schichten in Kontakt kommt. Blitzartig verwandelt sich das Wasser in Dampf mit bis 1000-fachem Volumen und sprengt und zertrümmert so das umgebende Gestein. Resultat dieser gewaltigen Explosion sind dann in den Gesteinsuntergrund gesprengte riesige Krater. Zu solchen Explosionen kam es während des Tertiär und Quartärs häufig in der Eifel. Diese Trichter füllen sich dann oft mit Grundwasser und bilden so die Maarseen; daneben gibt es auch Trockenmaare. Beide Formen sind für die Eifel typisch. Die bekanntesten Maare sind die drei Dauner Maare, das Meerfelder Maar bei Manderscheid, der größte Maarkrater der Eifel, und das Ulmener Maar (im Bild). In der Eifel kam es natürlich auch zu »normalen« Vulkanausbrüchen mit Magmafluss, weshalb man hier auch auf vulkanische Gesteinsformen wie Tuff und Basalt stößt, die zum Teil kommerziell abgebaut werden.

►► **Basilika mit ▼Passionsaltar.** Der Luftkurort Prüm in der Westeifel (Rheinland-Pfalz) liegt am gleichnamigen Fluss, einem Nebenfluss der Sauer. Früheste Erwähnung findet der Ort in karolingischer Zeit. Damals wurde auch das Kloster gegründet, eine reichsunmittelbare Benediktinerabtei. Die Sankt-Salvator Basilika (Bild rechte Seite) wurde zwischen 1721 und 1730 erbaut. Der dreischiffige Sakralbau im Barockstil war ursprünglich Abteikirche, später – nach Auflösung des Klosters im Zuge der Säkularisation – ab 1802 Pfarrkirche. Ältere Bauteile wurden integriert, darunter der spätgotische Passionsaltar (im Bild).

▼ **Prüm – Nordfront der Abtei.** Die Abtei befindet sich gleich neben der Basilika. Das heutige Gebäude wurde Mitte des 18. Jahrhunderts nach Plänen des Barockbaumeisters Balthasar Neumann errichtet. Heute ist hier ein Gymnasium untergebracht.

▼▼ **Buchenwälder im Nationalpark Eifel.** Im Rahmen von Renaturalisierungsmaßnahmen wurden wieder verstärkt heimische Buchen angepflanzt. Mischwälder sind den klimatischen Bedingungen unserer Breiten besser angepasst und weniger anfällig für Schädlinge.

▼▼ **Bollendorf an der Sauer** liegt im Deutsch-Luxemburgischen Naturpark, die Sauer bildet den Grenzfluss zum Fürstentum Luxemburg. Der Luftkurort wurde bereits als »villa bollana« zu Beginn des 8. Jahrhunderts erwähnt. Die gleichnamige Burg (unten rechts im Bild) ist auf einem Felsen auf den Fundamenten einer alten römischen Befestigungsanlage erbaut; im 18. Jahrhundert wurde sie zum Barockschloss erweitert. Heute wird sie als Hotel genutzt.

◄◄ **Schloss Weilerbach** ist das zweite Schloss in der Nähe von Bollendorf. Das Barockgebäude wurde 1780 als Sommerresidenz des Abtes nach Plänen des Tiroler Baumeisters Paul Mungenast errichtet. Anfang des 19. Jahrhunderts kam das Schloss in den Besitz einer luxemburgischen Industriellenfamilie, die es aufwändig restaurieren ließ. Im Zweiten Weltkrieg wurde es schwer beschädigt. 1991 kaufte der Landkreis das Areal und hat den Wiederaufbau seither vorangetrieben. Auch der Schlosspark wurde wieder gerichtet. Das Schloss ist heute vermietet, die Außenanlagen sind allerdings frei zugänglich. Ein Café ist vorhanden.

◄◄ **Kyllburg – Stiftskirche.** Die gotische Stiftskirche ist durch ihre großen Renaissancefenster mit Glasmalereien aus dem 16. Jahrhundert berühmt. Im Bild zu sehen ist der im 14. Jahrhundert angelegte Kreuzgang.

▲ **Burgruine Ramstein.** Am Rand des Meulenwaldes im unteren Kylltal befindet sich die Ruine der Burg Ramstein. Genaue Angaben über die Bauzeit fehlen, erste Hinweise deuten auf das beginnende 14. Jahrhundert. Die Ruine kann heute kostenlos besichtigt werden.

◄ **Burg Kerpen.** Auf einem Dolomitsporn in 500 Metern Höhe erhebt sich die Burg über dem gleichnamigen Ort, der zur Verbandsgemeinde Hillesheim (Landkreis Vulkaneifel) gehört. Um 1150 wurde sie wohl erbaut, genaue Angaben gibt es nicht. Seit 1969 wird die Burg als Landschulheim genutzt. Die Außenanlage und die Kapelle können aber besichtigt werden.

◄ **Hillesheim – Stadtbefestigung.** Die Gemeinde Hillesheim liegt im Landkreis Vulkaneifel, der im Westen an den Eifelkreis Bitburg-Prüm angrenzt. Der Stadtkern ist mittelalterlich geprägt und teilweise von einer Stadtmauer umgeben.

◀◀ **Die Kasselburg** in der Nähe von Gerolstein (Landkreis Vulkaneifel) wurde im 12. Jahrhundert erbaut, doch urkundlich erwähnt wird sie erst gegen Ende des 13. Jahrhunderts. Wer die ursprünglichen Bauherren waren, ist bis heute ungewiss. Besonders ins Auge sticht der 37 Meter hohe Doppelturm aus dem 14. Jahrhundert. Der Turm kann bestiegen werden, was allerdings eine gute Kondition voraussetzt; die Anstrengung wird durch die Aussicht belohnt.

◀ **Adler- und Wolfspark Kasselburg.** In der Wolfsschlucht bei der Kasselburg lebt das größte Wolfsrudel Westeuropas. Täglich findet eine Fütterung der Wölfe statt. An manchen Tagen werden auf der großen Flugwiese vor der Burg Vorführungen mit Greifvögeln, darunter Adler, Falken, Milane und Geier, geboten. Deshalb ist der Park ein ideales Ziel für Familienausflüge.

◀ **Gerolstein.** Diese Felsformationen werden als »Gerolsteiner Dolomiten« bezeichnet; es handelt sich um ein Kalkriff aus der Zeit des Devon, also vor etwa 400 Millionen Jahren. Sie können von Gerolstein aus Ziel eines Spaziergangs sein. Ein Wanderrundweg mit mäßigem Anstieg führt von hier aus auch zum Wildgehege an der Kasselburg. Gerolstein liegt an der Kyll, hat den Status eines Luftkurorts. Überregional bekannt ist das Mineralwasser der Getränkefirma »Gerolsteiner Brunnen«, die auch als Sponsor des gleichnamigen Fahrradteams auftritt. Allerdings läuft dieser Sponsorenvertrag, nicht zuletzt wegen der zahlreichen Skandale im Radsport, Ende 2008 aus.

◀ **Gerolstein – Naturkundliches Museum.** Spektakuläre Fossilien und Gesteinsfunde sind in diesem Museum zu sehen, darunter auch solche Krinoiden, das sind Versteinerungen der Vorfahren unserer heutigen Seeigel und Seesterne.

◄◄ DAUN ist die Kreisstadt des Landkreises Vulkaneifel. Die Landschaft ist hier stark vulkanisch geprägt. Das Eifel-Vulkanmuseum (links im Bild) ist deshalb hier angesiedelt. Im Hintergrund auf dem Vulkankegel zu sehen das Schlosshotel »Kurfürstliches Amtshaus«, das im Keller über ein aus dem erkalteten Vulkangestein herausgemeißeltes Felsenschwimmbad verfügt.

◄◄ EIFELLANDSCHAFT BEI DAUN. Der Blick schweift hier vom Höhenzug bei Schalkenmehren, einer kleinen Gemeinde, wenige Kilometer von Daun entfernt, in östliche Richtung.

▲ VULKANMUSEUM DAUN. Kinder studieren die Weltkarte, auf der die Vulkane der Erde zu sehen sind – besonders interessant sind hier natürlich die aktiven.

◄ LAURENTIUSKIRMES IN DAUN. Traditionen werden auch in der Eifel hochgehalten. Anlässlich der jährlich Anfang August stattfindenden Laurentiuskirmes mit Laurentiusmarkt führen die »Dauner Möhnen« in Trachten einen Volkstanz auf. Die »Möhnen« sind ansonsten im Karneval aktiv. Im rheinischen Karneval bezeichnet der Begriff »Möhnen« die »närrischen Weiber«, und es ist keineswegs eine Beleidigung. In einer solchen Frauengruppe gibt es dann eine »Obermöhne«, die am Donnerstag vor Aschermittwoch zum Beispiel dem Bürgermeister den Schlips abschneiden darf.

◄ PANORAMABLICK ÜBER DAUN. Zur Kreisstadt gehören acht ehemals selbstständige Gemeinden, die meist 1969 und 1970 eingemeindet wurden. Alle zwei Jahre findet in Daun übrigens das Krimi-Festival »Tatort Eifel« statt, ein Treffpunkt namhafter Krimi-Autoren aus dem ganzen deutschsprachigen Raum. Dabei kommt es zur Verleihung des »Deutschen Kurzkrimi-Preises«.

▶▶ **Die Dauner Maare.** Drei Maare liegen in der Nähe von Daun nebeneinander, das Gemündener, das Weinfelder und das Schalkenmehrener Maar. Das in unmittelbarer Nähe des Ortsteils Gemünden gelegene Gemündener Maar ist das nördlichste der drei Maare. Der Maarsee ist nahezu rund, misst etwa 300 Meter im Durchmesser und ist 38 Meter tief. Entstanden ist das Maar vor etwa 10 500 Jahren. Etwas östlich von Daun gelegen befindet sich das Weinfelder Maar, auch Totenmaar genannt, weil es sich in unmittelbarer Nähe eines Friedhofs befindet. Dieses Maar ist wesentlich größer und tiefer als das Gemündener Maar, aber etwa um dieselbe Zeit durch eine vulkanische Gasexplosion entstanden. Südöstlich von Daun befindet sich schließlich das Schalkenmehrener Maar, das aus zwei Teilen besteht: einem bis zu 21 Meter tiefen Maarsee und einem trockenen Maar.

▲ **Meerfelder Maar.** Deutlich älter als die Dauner Maare ist das Maar in der Nähe von Meerfeld, unweit von Manderscheid: mindestens 30 000, wenn nicht sogar 80 000 Jahre alt. Der Maarsee droht zunehmend zu verlanden, was sich an der Vegetation ablesen lässt: Schilf, Seebinsen und andere wasserliebende Pflanzen haben bereits große Flächen erobert.

▶ **Mendig – Eingang zum alten Vulkanmuseum.** Die Aufschriften auf dem Mühlstein verweisen auf die Weltausstellungen 1851 und 1862 in London sowie 1855 in Paris. Mühlsteine aus Basaltlava waren ideal, um Mehl zu mahlen, und wurden im 19. Jahrhundert aus Mendig in alle Welt exportiert – deshalb auch das auf den Weltausstellungen präsentierte Schaustück. Im neuen Museum »Lava-Dome« wird der Vulkanismus – nicht nur der Eifel – umfassend erklärt.

▶ **Geo-Safari.** Interessierte Touristen können vierradgetrieben die Vulkaneifel erkunden. Geführte Abenteuertouren werden angeboten.

◄◄ MANDERSCHEID – BURGENPANORAMA. Gleich zwei Ruinen befinden sich bei Manderscheid, an denen sich der mittelalterliche Streit zwischen zwei Herrschaftsbereichen, dem Kurfürstentum Trier (Oberburg) und dem Herzogtum Luxemburg (Niederburg), unmittelbar widerspiegelt. Die Oberburg ist heute im Besitz der Gemeinde Manderscheid und frei zugänglich. Die Niederburg gehört dem Eifelverein und wird in Teilen noch renoviert. Auch sie kann besichtigt werden (außer dienstags).

◄◄ STROHNER SCHWEIZ. Im Durchbruchstal der Alf stößt der Wanderer immer wieder auf Basalt- und Lavabrocken, Spuren des Vulkanismus. Der Weg führt hier zum Teil an steilen Felsen entlang. In Strohn gibt es übrigens auch ein sehr sehenswertes Vulkanmuseum. »Das Vulkanhaus« schafft durch Schaubilder und Computersimulationen einen anschaulichen Zugang zum Thema.

◄ MANDERSCHEIDS HISTORISCHES BURGENFEST. Am letzten Augustwochenende findet auf der Turnierwiese der Niederburg das mittelalterlich inspirierte Spektakel mit Rittertournieren, Bogenschießen und anderen historischen Wettkämpfen statt. Vor der imposanten Silhouette der Niederburg treffen die Ritter aufeinander, Hunderte von Zuschauern säumen die Turnierplätze, um den Akteuren zuzusehen. Doch nicht nur Ritter in ihren schützenden Rüstungen stellen ihre Geschicklichkeit unter Beweis, auch die Zuschauer – vor allem die Kinder – können aktiv mitwirken. Im Rahmenprogramm erklingt mittelalterliche Musik und mittelalterliche Tänze werden aufgeführt. Ein buntes Treiben, das alle Jahre wieder zahlreiche Touristen nach Manderscheid lockt (Bildleiste auf dieser Seite).

►►MANDERSCHEID – WOLFSSCHLUCHT. Im Bild zu sehen: die Kleine Kyll in der Wolfsschlucht (nächste Doppelseite).

▶▶ **Schloss Bürresheim** befindet sich nordwestlich von Mayen auf einem Felsen über dem Nettetal. Erbaut wurde das Schloss im 12. Jahrhundert, die heutige Gestalt erhielt der Prunkbau allerdings erst im 15. Jahrhundert. Früher war das Schloss von Ringmauern umgeben, von denen nur noch Reste erhalten sind. Teile des Schlosses können besichtigt werden. Der schöne Park lohnt ebenfalls einen Besuch.

▶ **Adenau** in der Hocheifel befindet sich nahe der Nordschleife des Nürburgrings. Der Ort trägt auch den Beinamen »Johanniterstadt«, da der Orden hier im Mittelalter maßgeblichen Einfluss gehabt hat. In der Innenstadt befinden sich einige attraktive historische Gebäude, darunter das 1630 erbaute Haus am Stein mit seinen drei vorkragenden Stockwerken (im Bild rechts). Davor ist der aus Basaltsäulen bestehende Marktbrunnen zu erkennen.

▶ **Der Nürburgring** ist als Rennstrecke legendär. Eingeweiht wurde sie 1927 und war in ihrer ursprünglichen Form bis 1982 in Betrieb. 1984 wurde an gleicher Stelle eine moderne Grand-Prix-Strecke eröffnet, die den heutigen Ansprüchen gerecht werden sollte. Den Streckenrekord hält übrigens Michael Schumacher. Das erste Rennen 1927 gewann der legendäre Rudolf Caracciola, der in Remagen geborene erfolgreichste deutsche Rennfahrer in der Zeit zwischen den Kriegen. Der Ring galt lange Zeit als die schwerste Grand-Prix-Strecke der Welt. Seit 1977 fährt die Formel 1 allerdings nur noch auf dem Hockenheimring, auf dem Nürburgring wird dagegen eine Reihe anderer Rennen ausgetragen, darunter einige Motorrad- und Oldtimer-Rennen. Rennfahrer in spe können sich auch auf der Indoorkartbahn erste Lorbeeren verdienen. Die Super-Karts werden immerhin bis zu 70 Stundenkilometer schnell. Die Anlage befindet sich im Moment im Umbau.

▼ **Mayen – Genovevaburg.** Im Südwesten von Mayen erhebt sich die Genovevaburg, ihren Namen verdankt sie der Sage, wonach auf derselben Anhöhe einst der Pfalzgraf Siegfried mit seiner Frau Genoveva von Brabant gelebt haben soll. Man weiß bis heute nicht, wann die Burg mit der Sagengestalt in Verbindung gebracht wurde. Urkundlich wird die Anlage erstmals gegen Ende des 12. Jahrhunderts erwähnt. Im Bild ist die Oberburg mit dem zinnenbewehrten Goloturm zu sehen – benannt nach dem Stadthalter Siegfrieds, der in der Sage die Abwesenheit Siegfrieds nutzte und um Genoveva warb, von ihr jedoch abgewiesen wurde.

▼ **Mayen – Altes Rathaus am Markt.** In diesem schönen Gebäude ist heute die Touristeninformation untergebracht. Davor befinden sich die Skulpturen der beiden Symbolfiguren der Stadt, des »Mayener Jung« und des »Mayener Mädche«, wie es sich für die Vulkanregion gehört, sind sie aus Basaltstein.

▼▼ **Die Clemenskirche** mit ihrem typischen schief gewickelten Turm ist das Wahrzeichen der Stadt Mayen. Seit 1409 ist die Kirche dem heiligen Papst Clemens geweiht.

▼▼ **Mayener Grubenfeld.** Es gehört zu den ältesten und bedeutendsten Abbaustätten für Basaltlava. Der Stein fand einst Verwendung für Mühlsteine und Getreidereiben.

▶ **Burgfestspiele.** Die Genovevaburg ist seit 1938 im Besitz der Stadt Mayen. Während des Zweiten Weltkriegs wurden weite Teile zerstört, aber bis 1984 wieder instand gesetzt. Heute ist das Gebäude Schauplatz der alljährlich von Juni bis August stattfindenen Burgfestspiele.

◀ **Polch** liegt im Zentrum des Maifelds, dem hügeligen, südwestlich von Koblenz gelegenen Teil des Mittelrheinischen Beckens. Begrenzt wird diese Region durch die Flüsse Elz, Nette und Mosel. Die Erde ist hier besonders fruchtbar, deshalb spielt die Landwirtschaft eine große Rolle. Auf den Lössböden gedeihen Weizen und Zuckerrüben, beides Pflanzen, die recht hohe Ansprüche an das Klima und die Bodenqualität stellen. Während in den Randzonen der Eifel gute Bedingungen herrschen, nimmt dies in den Übergangszonen und in den Höhenlagen ab. Dort findet man deshalb den weniger anspruchsvollen Roggen und den Hafer, neben der Kartoffel bildeten diese Getreidesorten noch in der Nachkriegszeit die Grundlage der auf Selbstversorgung angelegten Landwirtschaft der Eifelregion. Traditionell wird auch Raps angebaut, der heute für die Gewinnung von Biodiesel eine große Bedeutung hat. In den höheren Lagen werden die Anbauflächen mehr und mehr als Grünland für die Viehzucht genutzt.

▼ **Ettringen.** Die Gegend des heutigen Ettringen, etwa drei Kilometer nordöstlich von Mayen am Ostrand der Hohen Eifel gelegen, war schon zu den Zeiten der Kelten und Römer besiedelt. Urkundlich erwähnt wird der Ort erstmals gegen Ende des 12. Jahrhunderts. Wichtiger Wirtschaftszweig war im 19. Jahrhundert neben dem Erzbergbau die Steinindustrie, der Abbau von Basaltlava und Tuff; die ehemaligen Grubenfelder können besichtigt werden. Auf dem knapp 588 Meter hohen Hausberg Hochsimmer befindet sich ein zwischen 1909 und 1911 errichteter Aussichtsturm, von dem aus man einen herrlichen Blick über das vulkanisch geprägte Eifelpanorama hat (Bild unten). Die Besonderheit des Turms: Er ist ganz aus Basaltstein erbaut.

Sehr beliebte Ziele sind in Ettringen auch die historischen Abbaugruben für Basaltlava und Tuffstein, »Lay« genannt, die bis zu 30 Meter tief sind. Die Wände werden heute von Kletterern gerne genutzt; eine Sektion des Alpenvereins hat hier die Betreuung übernommen.

◄◄ **Münstermaifeld – Stiftskirche.** Der Ort Münstermaifeld liegt, wie der Name schon sagt, im Maifeld südöstlich von Polch. Von Weitem sichtbar sind die gewaltigen Wehrtürme der gotischen Stiftskirche. Das ehemalige Stift St. Martin und St. Severus ist seit dem 10. Jahrhundert bezeugt, mit dem Bau der Kirche wurde im 11. Jahrhundert begonnen. Die mächtigen Pfeiler sind mit Fresken versehen (Bild links). Chor und Seitenschiff stammen aus der romanischen Stilepoche, das Langhaus ist gotisch geprägt. Der spätgotische Hauptaltar ist übrigens ein Meisterwerk mittelalterlicher Holzschnitzkunst (Antwerpener Rentabel, Anfang des 16. Jahrhunderts). Besondere Beachtung verdient auch die Madonnenfigur am nördlichen Chorpfeiler.

◄ **Münstermaifeld – Wandfresken in der Stiftskirche.** Die alten Wandmalereien aus dem 13. bis 15. Jahrhundert sind bei einer der letzten Restaurierungen zu Tage getreten und wurden inzwischen gesichert. Im Bild links zu sehen eine Freskodarstellung des heiligen Christopherus aus dem 13. Jahrhundert. Im nördlichen Seitenschiff befindet sich eine Darstellung der Grablegung Christi (um 1500) mit überlebensgroßen Figuren aus Tuffstein.

◄ **St. Thomas an der Kyll.** Mittelpunkt des kleinen Orts im Kreis Bitburg-Prüm bildet die Zisterzienserinnenabtei St. Thomas, benannt nach Thomas Becket, dem 1170 ermordeten und 1173 heiliggesprochenen Erzbischof von Canterbury. Seit 2007 wird das Kloster als »Exerzitienhaus des Bistums Trier« genutzt und steht in dieser Funktion nicht nur Priestern offen.

▶▶ **Die Abtei Maria Laach.** Die Benediktinerabtei Maria Laach kann auf eine über 900-jährige Geschichte zurückblicken. Pfalzgraf Heinrich II. gründete das Kloster im Jahr 1093. Wie so viele andere Klöster wurde auch Maria Laach im Zuge der Säkularisation 1802 aufgehoben. 1892 konnte das Kloster wieder seiner ursprünglichen Bestimmung übergeben werden. In diesem Jahr bezogen Benediktinermönche der Erzabtei Beuron das ehrwürdige Gebäude. Das Kloster liegt an der Südwestseite des Laacher Sees, des mit über zwei Kilometern Durchmesser größten Maars der Eifel. Im Bild rechts sieht man die Ostseite des Klosters.

▼ **Maria Laach – Brunnen im Kreuzgang.** Der Kreuzgang wurde Mitte des 19.Jahrhunderts restauriert.

▼ **Wegkreuz zwischen Glees und Wehr.** Von den vielen Besuchern des Klosters profitieren die kleinen Orte der Umgebung ebenfalls, darunter auch die nördlich des Laacher Sees gelegenen Orte Glees und Wehr.

▼▼ **Schloss Malberg.** In der Kyllburger Waldeifel stößt man auf das Barockschloss Malberg in der gleichnamigen Gemeinde. Gegen Ende des 11. Jahrhunderts werden die Herren von »Malberch« als Besitzer erwähnt. Das Schloss ist eigentlich ein Doppelschloss, mit einem Renaissanceteil (»Altes Haus«, Ende des 16. Jahrhunderts) und einem Barockteil (»Neues Haus«, Anfang des 18. Jahrhunderts).

▼▼ **Burg Pyrmont.** Sie liegt westlich von Münstermaifeld in der südlichen Eifel. Die über dem Wasserfall des Elzbachs auf einem Schieferfelsen erbaute Burg gehört zur Gemeinde Roes (Landkreis Cochem-Zell) und gilt als die »schönste Ruine der Eifel«.

◄◄ **Monreal** befindet sich im Tal der Elz im Landkreis Mayen-Koblenz (Rheinland-Pfalz). Stadtrechte erhielt der Ort Anfang des 14. Jahrhunderts, Marktrechte allerdings erst im 17. Jahrhundert. Nach dem 30-jährigen Krieg erlebte der Ort eine Blütezeit durch die Tuchindustrie – einige der stattlichen Fachwerkhäuser stammen aus dieser Zeit.

◄ **Zweiburgenstadt Monreal.** Gleich zwei Burgruinen befinden sich in den Hügeln um das Eifelstädtchen Monreal: die größere Löwenburg (rechts im Bild) und die etwas kleinere Philippsburg (Turm links über der Kirchturmspitze), Erstere kennt man auch als Burg Monreal. Beide stammen aus dem 13. Jahrhundert. Im 30-jährigen Krieg wurden die Befestigungsanlagen und der Ort von schwedischen Truppen stark beschädigt und dann im Pfälzischen Erbfolgekrieg 1689 von französischen Truppen weitgehend zerstört. Heute sind die Burgruinen in Staatsbesitz.

◄ **Steinerne Brücken.** Im Ort gibt es drei steinerne Brücken über die Elz. Auf der mittleren befindet sich die Statue des Heiligen Johannes von Nepomuk (im Bild). Der böhmische Priester und Märtyrer lebte im 14. Jahrhundert; da er dem damaligen König nicht preisgeben wollte, was dessen Frau ihm gebeichtet hatte, wurde er gefoltert und von der Prager Karlsbrücke ins Wasser geworfen. Er gilt seither unter anderem als Schutzpatron von Brücken. Auf der mittleren Brücke befindet sich auch ein bedeutendes Löwendenkmal vom Ende des 15. Jahrhunderts.

◄ **Romantische Eifel.** Im 19. Jahrhundert war das aus der Wolle der Eifelschafe gefertigte Tuch nicht mehr konkurrenzfähig, die Stadt erlebte einen dramatischen Niedergang, von dem sie sich erst zu Beginn des 20. Jahrhunderts wieder erholte. Damals entdeckten Besucher den Charme des romantischen Städtchens, das Erbe wird seither sorgfältig gepflegt und zieht viele Touristen an.

LEY
SOETTER
neyp
perh
FVRSTENBERG
ENGHIN

◄◄ **Die Burg Eltz** gilt zu Recht als eine der schönsten Burgen Deutschlands. Besonders außergewöhnlich ist die Tatsache, dass die Burg – wie nur noch Schloss Bürresheim – in ihrer Geschichte niemals verwüstet oder erobert wurde. Die Anlage erreicht man über den kleinen, wenige Kilometer südlich von Münstermaifeld gelegenen Ort Wierschem, der sich deshalb auch das »Tor zur Burg Eltz« nennt. Die Burg befindet sich im Tal der Elz auf einem etwa 70 Meter hohen, nahezu elliptisch geformten Felsen. Dieser ungewöhnlichen Form des Untergrunds trägt auch die Architektur des Gebäudes Rechnung, was man am Grundriss einiger Räume erkennen kann.
Erbaut wurde Burg Eltz wahrscheinlich im 12. Jahrhundert, der Name der Anlage wird erstmals in einer Schenkungsurkunde Friedrichs I. Barbarossa erwähnt. Aus dieser Zeit erhalten sind noch Reste des romanischen Wohnhauses. Drei Linien der Familie lebten seit dem Ende des 13. Jahrhunderts in einer Erben- und Wohngemeinschaft, der sogenannten »Ganerbengemeinschaft«, auf der Burg. 1786 starb eine der drei Linien aus. Erst 1815 kam die Burg durch den Erwerb des Hauses Rübenacher der Linie Eltz-Rübenacher in den alleinigen Besitz der Familie Eltz-Kempenich. Im 19. Jahrhundert wurde die Burg aufwändig restauriert. Bis zum heutigen Tag ist sie – inzwischen in der 33. Generation – im Besitz der Familie Eltz. Ein kleiner Teil kann besichtigt werden, darunter auch die Schatzkammer in den Gewölben des sogenannten Rübenacher Hauses.

◄◄ und ▲ **Schlafgemach im Rübenacher Haus.** Die Wandmalereien stammen aus dem 15. Jahrhundert. Oben rechts im Bild: das Himmelbett aus dem 16. Jahrhundert.

◄ **Die Burgküche** vermittelt einen Eindruck, wie um 1540 gekocht wurde. Rechts an der Wand ist das umfangreiche Arsenal von Kupferpfannen zu sehen.

Kratersee Windsborn. In der Nähe der Ortsgemeinde Bettenfeld im Landkreis Bernkastel-Wittlich (Rheinland-Pfalz) befindet sich der einzige echte Kratersee nördlich der Alpen. Bisweilen wird der See auch Windsborner Maar genannt, was allerdings nicht korrekt ist: Ein Maar entsteht durch eine gigantische, sogenannte phreatomagmatische Explosion, bei der glühend heiße Magma auf wasserführende Schichten trifft, die sofort verdampfen und eine entsprechende riesige Druckwelle erzeugen, in deren Folge ein riesiger Trichter entsteht; bei einem Kratersee ist keine Explosion im Spiel, es füllt sich nur der Krater eines erloschenen Vulkans mit Wasser. Der Kratersee Windsborn liegt in einem Naturschutzgebiet. Er ist der dritte von vier Kratern der Vulkangruppe des Mosenbergs (517 m) in der südlichen Vulkaneifel. Die Krater entstanden während einer Serie von Ausbrüchen vor etwa 29 000 Jahren – geologisch gesehen ist das eine kurze Zeitspanne.

Der Kratersee ist nahezu kreisrund, nur etwa 1,70 Meter tief und, da er keinen Zu- und Abfluss besitzt, sehr nährstoffarm. Umgeben ist er von einem steilen Wall, der bis zu 30 Meter Höhe erreicht. Die rotbraune Asche des Walls erinnert auch heute noch an den vulkanischen Ursprung.

Es steht nicht zu befürchten, dass es in naher Zukunft in der Eifel wieder einmal zu einem Vulkanausbruch kommen könnte. Doch die Spuren aus der Zeit, als die Vulkane noch aktiv waren und ihre glühende Magma über die Landschaft ergossen, sind noch allenthalben zu sehen – besonders im mittleren und südlichen Teil des Mittelgebirges.

VOLCOM

◀◀ **Bitburger Folklorefestival.** Bitburg verbindet man primär wohl mit der gleichnamigen Brauerei – eine der größten Deutschlands – und deren »Premium Pils«, einem der deutschlandweit beliebtesten Fassbiere. Doch Bitburg hat noch mehr zu bieten: Alljährlich am zweiten Juliwochenende findet hier das »Europäische Folklore-Festival« statt, bei dem aber auch außereuropäische Teilnehmer willkommen sind. Rund 50 Gruppen aus über 15 Ländern nehmen in der Regel daran teil. Im Bild: Gäste aus Schottland, die »Mains of Finitry Pipe Band«, eine Gruppe von Dudelsackspielern aus Dundee.

◀◀ **Volkstanz in Trachten.** Das darf bei einem Folklorefestival natürlich nicht fehlen: Volkstanzaufführungen in traditionellen Trachten.

▲ und ◀ **Wasserburg Rittersdorf.** Der Ort Rittersdorf liegt in der Südeifel, nördlich von Bitburg im Nimstal. Erstmals erwähnt wird der Ort Ende des 13. Jahrhunderts, damals unter dem Namen »Rattersdorf« – der Name wurde im Laufe der Zeit zu »Rittersdorf«, hat aber deshalb im Kern nichts mit »Rittern« zu tun.

Die Burg Rittersdorf (oben und darunter ein Portal) wird erstmals 1263 erwähnt, sie gehörte damals der Reichsabtei St. Maximin, dem einflussreichsten und größten der vier ehemaligen Trierer Benediktinerklöster. St. Maximin war in seiner Zeit zugleich eines der ältesten Klöster Westeuropas. Heute befinden sich dort ein Restaurant und ein Standesamt.

◀ **Der Eifel-Maler.** Im Kulturzentrum Haus Beda in Bitburg ist das Fritz-von-Wille-Museum untergebracht. Der Düsseldorfer Landschaftsmaler Fritz von Wille (1860 – 1941) gilt als der bedeutendste Maler der Eifel (Bild links um 1900). Im Museum sind etwa hundert seiner Gemälde und Zeichnungen zu sehen. Der Maler hatte sich Anfang des 20. Jahrhunderts die Burg Kerpen gekauft und lebte dort bis zu seinem Tode.

◀◀ DAS KLOSTER HIMMEROD befindet sich in der Eifel zwischen Großlittgen und Eisenschmitt (Landkreis Bernkastel-Wittlich) im Tal der Salm. Die Zisterzienser-Abtei wurde Anfang 1134/35 durch Bernhard von Clairvaux gegründet. 13 Mönche leben heute dort, es gibt ein Museum und eine Gaststätte. Im Bild zu sehen ist die Mitte des 18. Jahrhunderts erbaute Klosterkirche im Barockstil.

◀ UND ▼ NEUERBURG liegt im Tal der Enz, einem Nebenfluss der Prüm. Der Ort, etwa 25 Kilometer westlich von Bitburg, ist nur wenige Kilometer von der Grenze zu Luxemburg entfernt. Die Burg gleichen Namens befindet sich auf einem Bergsporn über der Stadt. Die Burganlage geht auf das 12. Jahrhundert zurück, der Ort wird 1332 erstmals urkundlich erwähnt, als Neuerburg durch Friedrich von Brandenburg und Neuerburg die Stadtrechte erhielt. Im 30-jährigen Krieg wurde die Stadt von der Pest heimgesucht. In dieser Zeit kam es auch zu zahlreichen Hexenverfolgungen, Neuerburg hat sich hier besonders hervorgetan: 57 Menschen wurden der Hexerei bezichtigt und viele von ihnen fanden nach grausamer Folter den Tod. Auch die folgenden Jahre brachten wenig Erfreuliches: Auf Veranlassung von Ludwig XIV. wurden 1692 die gesamte Stadtbefestigung, die Mauern und die Burg niedergerissen.
Der mittelalterliche Kern der Stadt mit seinen schmucken Fachwerkhäusern und verwinkelten Gassen konnte jedoch bis heute bewahrt werden. Neuerburg ist anerkannter Luftkurort.

◀ DIE PFARRKIRCHE ST. NIKOLAS in Neuerburg wurde 1492 erbaut. Das zweischiffige Gotteshaus ist spätgotisch. Der Torturm an der Pfarrkirche dient heute als Glockenturm. Nach einem Brand wurde der Turm 1818 im alten Stil wieder aufgebaut.

▶▶ DIE ALTE MUSEUMSBAHN »Vulkan-Express« fährt mit gemütlichen 20 Stundenkilometern von Brohl am Rhein nach Engeln in der Eifel (nächste Doppelseite).

REGENWALDE
A-BORSIG

5

▶▶ **Mountainbiker in der Eifel.** Es müssen nicht immer die Alpen sein, gerade die deutschen Mittelgebirge sind ideal für Mountainbiker. Die Eifel gehört dabei zu den beliebtesten Regionen, nicht zuletzt wegen ihrer landschaftlichen Schönheit und einem hohen Anteil an Singletrails. Im September findet in der Eifel zudem das VulkanBike-Rennen statt, ein anspruchsvolles Mountainbike-Marathon, das als eines der Top-Ereignisse seiner Art in Europa gilt. Beliebte Gebiete sind die Ferienregionen Manderscheid und Daun sowie weite Teile der Südeifel.

▶▶ **Kanufahren auf der Kyll.** Das Naturcamp Eifel in der Nähe von Speicher bietet für Schulklassen und Gruppen, aber auch für Individualreisende Kanufahrten auf der Kyll an.

▶ **Golfen im Bitburger Land.** Nachdem Golf vielerorts zum inzwischen erschwinglichen Familiensport geworden ist, steht auch die Eifel mit entsprechenden Angeboten nicht nach.

▶ und ▼ **Eifelpark,** Gondorf bei Bitburg – Familienachterbahn und Bärenschlucht. 1964 wurde der Familienpark, der damals noch »Hochwildpark Eifel« hieß, von Josef Schulte-Wrede eröffnet. Der Park in Gondorf, wenige Kilometer südöstlich von Bitburg, war damals das erste Wildfreigehege der Bundesrepublik. Fünf Jahre später wurden in der sogenannten Bärenschlucht Braunbären eingeführt, für die Berlin die Patenschaft übernahm – immerhin ist der Bär ja auch das Wappentier der Spreemetropole. 1975 wurde der neue Bergwildpark innerhalb des Eifelparks vom damaligen Ministerpräsidenten von Rheinland-Pfalz Dr. Helmut Kohl eröffnet. In den folgenden Jahren entwickelte sich der Park immer mehr auch zu einem Freizeit- und Naturpark mit Attraktionen wie Rutschen, Achterbahn, Fliegenpilz-Karussell, Eifel-Coaster, Hüpfkissen und Indianerdorf – ein besonders bei Familien mit Kindern beliebtes Ausflugsziel.

◄◄ und ◄ WITTLICH – SÄUBRENNERKIRMES. Dieses Volksfest findet seit 1950 in Wittlich jedes Jahr am dritten Augustwochenende statt, weil der Heilige Rochus, der Namenspatron der Stadt, am 16. August Namenstag hat. Neben dem üblichen Kirmesprogramm spielen Bands und Kapellen auf drei Bühnen in der Innenstadt. Eingeleitet wird der Rummel traditionell am Freitagabend mit einem Schauspiel über die Säubrennersage, die dem Fest den Namen gibt. Der Sage nach soll Ende des 14. Jahrhunderts ein Raubritter die Stadt belagert haben. Die Stadt hielt der Belagerung stand, bis eines Nachts der Pförtner eines der Stadttore den Verschlussbolzen nicht mehr fand und dafür eine Rübe nahm. Dieser Rübe konnte ein Schwein nicht widerstehen, fraß sie auf, das Tor öffnete sich und machte so den Weg frei für die Plünderung der Stadt. Nachdem die Räuber abgezogen waren, trieben die Wittlicher zur Strafe alle Schweine zusammen, machten ein großes Feuer, brieten und verspeisten sie – der mit Senf servierte Saubraten gilt noch heute als lokale Delikatesse.

◄ WEHRKIRCHE BERNDORF. Nach dem Ort Berndorf wählte der Schöpfer der Eifelkrimis um Siggi Baumeister, der Schriftsteller Michael Preute, sein Pseudonym Jacques Berndorf. Sehenswert ist in dem kleinen Ort die romanische Wehrkirche, die erstmals 1121 urkundlich erwähnt wird.

◄ BURG BRUCH. Die Gemeinde Bruch liegt etwa zehn Kilometer westlich von Wittlich. Die Burg stammt aus dem 13. Jahrhundert, war einst Sitz der Herren von Bruch, deren Geschlecht jedoch ausstarb. Bereits zu Beginn des 14. Jahrhunderts ging die Burg in den Besitz Dietrichs von Daun über. In der Folgezeit wechselten die Besitzer häufig. Heute ist die Anlage in Privatbesitz, kann aber nach Absprache besichtigt werden. Das nahe gelegene Herrenhaus von 1738 ist für Übernachtungen eingerichtet.

◀ **Die Our bei Waldhof-Falkenstein.** Die Our ist ein knapp 80 Kilometer langer Nebenfluss der Sauer. Die Quelle befindet sich in den östlichen Ardennen (Belgien) am Eichelsberg (653 m), und das erste Teilstück bildet in weiten Abschnitten die Grenze zu Belgien. Nach dem Dreiländereck wird die Our zum Grenzfluss zu Luxemburg und windet sich auf etwa halber Strecke in einer malerischen Doppelschleife (Bild links). Der Fluss ist an dieser Stelle vom Weiler Keppeshausen aus auf gut ausgeschilderten Wanderwegen leicht zu erreichen. Eine einmalig schöne Aussicht auf das Flusstal mit den beiden Schleifen und die Burgruine Falkenstein erhält man vom am Ortsrand des kleinen Dorfs Waldhof-Falkenstein gelegenen Wanderparkplatz »Schutzhütte«. Das gesamte Areal gehört zu dem 1958 gegründeten Naturpark Südeifel, der allerdings am Grenzfluss zu Luxemburg nicht aufhört. Folgerichtig wurde fünf Jahre später der Deutsch-Luxemburgische Naturpark gegründet, der erste grenzüberschreitende Park überhaupt. Der Naturpark Südeifel bildet den deutschen Teil dieses Schutzgebiets. Vier attraktive Wanderrouten des deutsch-luxemburgischen Felsenwegs verbinden beide Teile des Parks. Im Gebiet der Our-Schleife befindet sich zugleich ein 270 Hektar großes Naturschutzgebiet, für das noch strengere Kriterien gelten als für den Naturpark. Der Schutz erstreckt sich auf viele seltene Pflanzen und Tiere. Im Zentrum steht hier das Ökosystem des Laubwalds mit seinem Insektenreichtum.

Hoch über dem Fluss erkennt man die Ruinen der Burg Falkenstein, die über einen Felsenpfad erreicht werden kann.

▼ **Irrel – die Stromschnellen der Prüm.** Von einem Waldparkplatz an der Straße Prümzurlay–Irrel aus gelangt man zu den Irreler Wasserfällen, die streng genommen gar keine Wasserfälle sind. Wie sich die Wassermassen der Prüm zwischen den mächtigen Sandsteinfelsen schäumend einen Weg bahnen, ist dennoch ein faszinierendes Schauspiel. Im Herbst treffen sich hier regelmäßig Wildwasserkanuten, um durch die Gischt zu gleiten.

▶ **Von der Prümbrücke zur Teufelsschlucht** sind es nur zwei Kilometer zu Fuß bergan. Plötzlich blickt man in eine 28 Meter tiefe und an manchen Stellen kaum einen Meter breite Schlucht, deren Entstehung sich unsere Vorfahren nicht erklären konnten, weshalb sie sie für Teufelswerk hielten. Geologen haben eine etwas profanere Erklärung für den am Ostrand des Ferschweiler Plateaus in der Nähe von Irrel gelegenen Einschnitt in das harte Felsgestein. Die Schlucht entstand wohl vor etwa 10 000 Jahren durch mehrere Felsstürze. Maßgeblich dafür waren klimatische Einflüsse am Ende der Eiszeit und heterogene Gesteinsschichten, die unterschiedlich durchlässig für Wasser waren. Verwitterungseinflüsse betrafen den sogenannten Luxemburger Sandstein in stärkerem Maße als die Keuper-Schichten, die Folge waren instabile Situationen, die zu Felsstürzen führten. Frostsprengung tat hier noch ein Übriges. Noch heute finden sich viele massive Felsblöcke am Rand des Plateaus als Zeugnisse dieser dramatischen Ereignisse.

Die steilen Felswände und die bizarren Gesteinsformationen sowie die engen Schluchten sind ein beliebtes Ziel vieler Wanderer, auch wenn es manchen angesichts der engen Pfade und der steilen Wände ein wenig mulmig zumute sein könnte. Von hier aus lässt sich außerdem über Anschlusswanderungen die Umgebung gut erschließen.

Produktmanagement: Susanne Caesar
Grundlayout: Dr. Alex Klubertanz, München
Satz: medienpartner.münchen
Redaktion: Cornelia Schmidt
Texte: medienpartner.münchen • Dr. Reinhard Pietsch
Repro: Cromika s.a.s., Verona
Umschlaggestaltung: Nina Andritzky unter Verwendung eines Fotos von Bildagentur Huber, Garmisch-Partenkirchen
Kartografie: Astrid Fischer-Leitl, München
Herstellung: Bettina Schippel
Printed in Slovenia by MKT Print, Ljubljana

Alle Angaben dieses Werkes wurden vom Autor sorgfältig recherchiert und auf den aktuellen Stand gebracht sowie vom Verlag geprüft. Für die Richtigkeit der Angaben kann jedoch keine Haftung übernommen werden. Für Hinweise und Anregungen sind wir jederzeit dankbar. Bitte richten Sie diese an:

Bruckmann Verlag
Postfach 40 02 09
D–80702 München
E-Mail: lektorat@bruckmann.de

Bildnachweis:
Umschlagvorderseite: Rotes Haus an der Rur, Monschau
Umschlagrückseite: von oben nach unten: Ruhrstausee, Burg Stolberg, Manderscheid historisches Burgfest, Neues Kurhaus Aachen

Alle Abbildungen des Innenteils
stammen von Peter Hirth / transit-Archiv

Die Deutsche Nationalbibliothek –
CIP-Einheitsaufnahme
Ein Titelsatz für diese Publikation ist bei Der Deutschen Nationalbibliothek erhältlich.

ISBN 978-3-7654-4788-4